AF250387

CONFÉRENCE ANNUELLE BROCA

SIXIÈME CONFÉRENCE (26 DÉCEMBRE 1889)

LES

PRÉTENDUS QUADRUMANES

PAR

LE Dr GEORGES HERVÉ

Secrétaire général adjoint de la Société,
Professeur à l'École d'anthropologie.

PARIS

TYPOGRAPHIE A. HENNUYER

RUE DARCET, 7

1890

SOCIÉTÉ D'ANTHROPOLOGIE DE PARIS

CONFÉRENCE ANNUELLE BROCA

SIXIÈME CONFÉRENCE (26 DÉCEMBRE 1889)

LES

PRÉTENDUS QUADRUMANES

PAR

LE Dr GEORGES HERVÉ

Secrétaire général adjoint de la Société,
Professeur à l'École d'anthropologie.

PARIS

TYPOGRAPHIE A. HENNUYER

RUE DARCET, 7

1890

LES

PRÉTENDUS QUADRUMANES

MESSIEURS,

Un passage emprunté à la *Philosophie zoologique* de Lamarck — passage que citait naguère, ici même, M. Mathias Duval, dans la remarquable conférence qu'il consacrait à Lamarck, à sa vie, à ses œuvres, à sa doctrine — me fournira le préambule et vous indiquera dès maintenant l'objet final des développements où je dois entrer.

Dans ce passage [1], Lamarck aborde le point délicat de sa théorie, et l'on peut ajouter de toute théorie transformiste, je veux dire le problème de nos propres origines. Il le fait, au fond, avec une absolue netteté, sinon sans une certaine réserve dans la forme. Écoutez-le : « Si une race quelconque de quadrumanes, surtout la plus perfectionnée d'entre elles (c'est pour lui l'orang d'Angola, *Simia troglodytes* de Linné, notre chimpanzé, « le plus perfectionné des animaux », dit-il un peu plus loin [2]), ... si une race quelconque de quadrumanes perdait, par la nécessité des circonstances, ou par quelque autre cause, l'habitude de grimper sur les arbres et d'en empoigner les branches avec les pieds, comme avec les mains, pour s'y accrocher, et si les individus de cette race, pendant une suite de générations, étaient forcés de ne se servir de leurs pieds que pour marcher et cessaient d'employer leurs mains comme des pieds, il n'est pas douteux que ces quadrumanes ne fussent à la fin transformés en bimanes et que les pouces de leurs pieds ne cessassent d'être écartés des doigts, ces pieds ne leur servant plus qu'à marcher. »

---

[1] *Philosophie zoologique* (édit. Charles Martins), t. I, p. 339.
[2] *Ibid.*, p. 342.

En effet, messieurs, cela n'est pas douteux ; cela l'est d'autant moins, les transformations dont parle Lamarck ont pu s'accomplir d'autant plus aisément, que déjà ces quadrumanes, nos ancêtres présumés, comme nous étaient des bimanes, que déjà ils possédaient, Lamarck le reconnaît lui-même, deux mains et deux pieds.

Là est tout le débat qui s'est élevé, voici plus d'un siècle, entre les naturalistes, et qui, depuis trente ans au moins, devrait avoir pris fin. L'homme, bipède marcheur, est-il le seul mammifère qui ait à la fois des mains et des pieds, les singes, grimpeurs arboricoles, ayant des mains aux quatre membres ; ou, au contraire, ces animaux présentent-ils comme l'homme, avec des extrémités antérieures terminées par des mains, des extrémités postérieures terminées par des pieds ?

Question bien simple, à ce qu'il semble, et qui vraiment ne paraît pas de nature à déchaîner les orages ; très grosse de conséquences, en réalité, parce qu'elle implique certaines solutions touchant les rapports de l'homme avec ses voisins zoologiques et touchant aussi ses origines.

Cette question, messieurs, je la traiterai en la réduisant, autant que possible, à ses termes essentiels ; mais, afin de la mieux poser et d'en dégager tout de suite à vos yeux les relations et la portée, je vous demande la permission de la ramener à son point de départ historique.

I

Nous sommes en 1748. Linné a publié la sixième édition du *Systema naturæ*, de ce livre justement célèbre où l'ensemble du règne animal se trouve être, pour la première fois, l'objet d'une classification rationnelle.

La première classe des animaux est celle des Quadrupèdes, et, en tête de cette classe, vient un ordre dit des Anthropomorpha, où figurent côte à côte deux genres : l'homme (*genus Homo*) et les singes (*genus Simia*). Plus tard, à partir de la dixième édition du *Systema*, les noms changeront : celui de Quadrupèdes sera transformé en celui de Mammifères, les

Anthropomorpha deviendront les Primates ; mais ce qui ne changera pas, c'est le fond même de la classification dont je viens de reproduire les traits. Toujours, pour Linné, l'homme restera associé aux singes ; l'homme et les singes sont, à ses yeux, de simples genres (les genres linnéens équivalaient à nos familles actuelles) dans l'ordre des Primates.

Je sais bien qu'en certains passages de ses écrits Linné s'est montré beaucoup plus soucieux de ce qu'on est convenu d'appeler la dignité de notre nature, je sais qu'il a parlé, ou à peu près, de règne humain ; mais ce que je sais aussi, c'est que lorsqu'il traite de l'homme en naturaliste, son opinion est inflexible : « Je n'ai pu découvrir jusqu'à ce jour, écrit-il en 1746 [1], un seul caractère qui permette de différencier l'homme du singe. *Nullum characterem hactenùs eruere potui, undè homo a simiâ internoscatur !* » Et ailleurs : « Je ne sais par quelle caractéristique les troglodytes se distinguent de l'homme en histoire naturelle, tant sont voisins le genre humain et le genre simien quant à la structure. »

Linné, dans le *Systema,* a donc classé l'être humain en naturaliste dégagé de préjugés, assignant à cet être un rang conforme à ce que semblaient exiger ses affinités avec les animaux, ses voisins. Procéder de la sorte a pour soi la logique, qui commande de ne pas rompre en faveur d'un seul l'unité des classifications, la science qui a dicté le jugement de Linné, le droit enfin, celui qu'a tout chercheur de proclamer ce qu'il tient pour la vérité. Linné va trouver devant lui l'opiniâtre résistance de sentiments très respectables assurément, mais exagérés, et aussi des hostilités d'un caractère beaucoup moins avouable.

Contre cette outrageante classification où l'homme n'est plus qu'un simple animal, le voisin immédiat des singes, de toutes parts s'élèvent les plus violentes critiques. Feint ou réel, l'émoi est bientôt à son comble ! Buffon, qui redoute en Linné un rival capable de lui disputer le sceptre de l'his-

---

[1] *Fauna suecica,* Leyde, in-8° ; Préf., p. 2.

toire naturelle, le prend très haut avec le savant suédois.
« L'homme, écrit-il en 1749, est d'une nature si supérieure à
celle des bêtes, qu'il faudrait être aussi peu éclairé qu'elles
le sont pour pouvoir les confondre[1]. » Révolté, lui aussi,
l'ami, le collaborateur de Buffon, le doux et paisible Daubenton n'est pas moins agressif en la circonstance. « L'étrange
place pour l'homme, s'écrie-t-il quand paraît la sixième édition du *Systema*; quelle injuste distribution, quelle fausse
méthode met l'homme au rang des bêtes à quatre pieds ! »
C'est Buffon qui, un peu plus tard, en 1766, introduit en histoire naturelle les noms de *bimanes* et de *quadrumanes*. « Le
nom de *quadrupèdes* suppose, dit-il, que l'animal ait quatre
pieds... Faisons pour les mains un nom pareil à celui qu'on a
fait pour les pieds, et alors nous dirons avec précision que
l'homme est le seul qui soit *bimane* et bipède..., que le singe
est *quadrumane*[2]. »

Il devait appartenir à celui qu'on a justement nommé le
père de l'anthropologie, à Blumenbach, de régulariser l'emploi de ces termes et des définitions qu'ils sous-entendent,
en les associant à une conception zootaxique qui a fait fortune et subsiste encore, bien qu'elle soit entachée d'une
erreur profonde.

Dès l'apparition de son *Manuel d'histoire naturelle*, en 1779,
Blumenbach sépare nettement l'homme de tous les animaux et
crée pour lui seul un *ordre* à part, le premier ordre des mammifères. Faire de l'homme un mammifère, mais un mammifère
d'une nature spéciale et très éminente, occupant au-dessus
de ses humbles voisins une place privilégiée, c'était à la fois,
pour Blumenbach, s'incliner devant les incontestables évidences de l'anatomie et tenir compte — je cite ses paroles
mêmes — « des remarquables propriétés de l'esprit et du
corps qui distinguent notre espèce du reste de la création
animale[3]. » Et puis ne fallait-il pas, avant tout, rassurer les

---

[1] *Histoire naturelle*, t. II, p. 437.
[2] *Ibid.* (*Nomenclature des singes*), t. XIV, p. 18.
[3] *Handbuch der Naturgeschichte*, 2ᵉ édit., Gœttingue, 1782, p. 57.

esprits que les audaces de Linné avaient inquiétés et fournir à l'orthodoxie menacée des armes triomphantes? Mais,
pour éloigner l'homme des animaux, et notamment des
singes, à distance assez grande, sans pourtant le rejeter tout
à fait hors des cadres de la zoologie, force était de trouver,
dans son organisation, un caractère différentiel suffisamment
évident et tranché. Ce caractère, Blumenbach l'emprunte à
Buffon, et il institue l'ordre des bimanes. L'homme, *animal
erectum, bimanum*, forme à lui seul un ordre : *ordo I, Bi-
manus ;* seul, il a deux mains et deux pieds. Les singes ont
quatre mains ; ils forment, au-dessous de l'homme, l'ordre des
quadrumanes.

Désormais l'erreur a pénétré dans la science ; elle va y
prendre pied, s'y établir, s'y propager ; il n'a pas été possible encore de l'en déraciner.

Cette classification de Blumenbach, qui reposait sur des
caractères spécieux et, en apparence du moins, d'une cons-
tatation presque vulgaire, eut tout de suite un très vif succès.
En 1800, Georges Cuvier, dans la première édition de l'*Anatomie comparée*, se l'approprie et la fait connaître en France.
Forte de cette autorité, acceptée par toute l'école de ce grand
naturaliste, dont l'influence sur la marche de la science en
ce pays a été si profonde et, à quelques égards, si déplorable,
elle a régné jusqu'à nos jours, on peut dire qu'elle règne encore. Ceux-là mêmes — et ils sont nombreux — qui ont cru
devoir se séparer de Blumenbach et de Cuvier et repousser
la division *ordinale* en bimanes et quadrumanes, ont trop
souvent maintenu dans leurs propres nomenclatures ces dé-
nominations que rien ne justifiait [1].

Messieurs, Augustin Thierry, parlant quelque part de ce
récit de la journée de Bouvines reproduit à l'envi par tous les

---

[1] *Bimana* et *quadrumana, tribus* de l'ordre des Primates (Ch. Bonaparte).
— *Famille* des Bimanes (Godman). — *Ordres* des Bimanes et des Quadrumanes (Bory de Saint-Vincent, Lesson) ; mais, pour ces derniers, les
singes anthropoïdes rentrent, avec l'homme, dans l'ordre des Bimanes, à
titre de famille spéciale ou de simples genres.

historiens classiques, des plus grands aux plus petits, légende où l'on nous montre le roi de France Philippe-Auguste, au matin de la bataille, déposant, avant d'en venir aux mains, sa couronne sur un autel, Augustin Thierry prononce le mot de scandale historique. La zoologie, elle aussi, a ses scandales : croyances d'un autre âge depuis longtemps démontrées fausses, et qui cependant sont respectées, par un parti pris plus fort que la vérité même. C'est un scandale au premier chef que la classification en bimanes et en quadrumanes qui inspirait ces paroles à Isidore Geoffroy Saint-Hilaire, il y a plus de trente ans : « Parmi les solutions (concernant la place zoologique de l'homme)… devons-nous même compter celle à laquelle Blumenbach, Cuvier, M. Duméril, ont donné durant un demi-siècle une si grande popularité ? Je vois bien encore l'*ordre des bimanes* dans la plupart des livres élémentaires, dans tous ces ouvrages de seconde ou de troisième main dont les auteurs, sans observations propres, prennent la science toute faite dans le *Règne animal;* mais dans quelle œuvre originale a-t-il été admis, depuis un quart de siècle, comme la juste expression des affinités naturelles de l'homme avec les animaux ? Qui l'a défendu contre les critiques du prince Charles Bonaparte, en 1830, contre les remarques que j'ai moi-même présentées dans le même sens, soit dans mon enseignement, soit dans mes écrits ? Personne. Si bien qu'on peut dire de cette division, si longtemps regardée comme classique, qu'elle est de plus en plus délaissée par les vrais naturalistes, et bien près de s'effacer complètement de la science [1]. »

Voulez-vous savoir, messieurs, comment elle s'en est effacée ? J'ai là sous les yeux trois ouvrages d'inégale importance scientifique. Le premier : *Éléments de zoologie*, à l'usage de l'enseignement secondaire et des écoles normales primaires, a pour auteur M. Gaston Bonnier, professeur à la Faculté des sciences de Paris. Le second, qui porte le même

---

[1] *Histoire naturelle générale des règnes organiques*, t. II, p. 186.

titre que le précédent, est dû à la collaboration du regretté
Paul Bert et de notre distingué collègue le docteur Raphaël
Blanchard. Le troisième enfin est le savant *Traité d'ostéologie
comparée* que viennent de publier tout récemment MM. Georges
Pouchet et H. Beauregard. Le plus ancien de ces trois ouvrages a quatre ans de date... Dans tous les trois, nous
voyons figurer les quadrumanes.

M. Gaston Bonnier, par une erreur atténuée, définit les
animaux de cet ordre : « Des mammifères, dont les pieds ont
plus ou moins la forme de mains. » — « Les pieds du singe,
écrivent MM. Bert et Blanchard, sont en réalité de véritables
mains, composées de cinq doigts, dont l'un, le pouce, est
opposable aux quatre autres. Ces mains, qui terminent les
membres postérieurs, ont, d'une façon générale, la même
structure que celles du membre antérieur et sont même
mieux adaptées à la préhension. On peut donc dire que les
singes ont quatre mains, d'où le nom de *quadrumanes* qui
leur a été donné. Ainsi, l'homme seul est réellement bimane
et bipède [1]. » — MM. Pouchet et Beauregard, moins consé-
quents, mais plus exacts, ont pris le nom sans prendre la
chose ; ils décrivent, en effet, le *pied* des quadrumanes.

Voici maintenant, messieurs, le tableau abrégé de la classification suivie au Muséum par le professeur chargé d'y
enseigner l'histoire naturelle des mammifères [2]. M. Alphonse
Milne Edwards ignorerait-il les critiques qu'Isidore Geoffroy
Saint-Hilaire a dirigées jadis contre les quadrumanes ? On
pourrait le penser, à la façon dont il maintient, sans l'ombre
d'une réserve, cet archaïsme zoologique, devenu, je le répète,
un véritable scandale.

[1] *Op. cit.*, Paris, 1885, p. 71.

[2] *Première sous-classe.* — Mammifères hétéropodes ou à membres dissi-
milaires, les antérieurs uniquement affectés à la préhension et au toucher,
les postérieurs uniquement à la locomotion................. Bimanes.

Deuxième sous-classe. — Mammifères homopodes, tous les membres servant à la locomotion.

Section des Tétrapodes onyciphores : 1° Orbites complètes, *quatre mains*,
placenta discoïde simple ou double......................... Simiens.

Vous le voyez, l'erreur n'a pas désarmé ; elle n'a rien perdu de son assurance, rien abandonné de ses affirmations. C'est une hérésie dès longtemps condamnée ; on l'avait pu croire abjurée, ses partisans se sont endurcis à l'impénitence. Il n'est pas inutile, par conséquent, de les réfuter une fois de plus.

II

Établir, à côté d'un ordre des bimanes, un ordre des quadrumanes, cela revient à dire que l'on possède un moyen sûr de distinguer en toute précision une main d'avec un pied, de manière à décider, sans incertitude, que tel animal (oublions qu'il s'agit de l'homme) ayant deux mains et deux pieds, tel autre a quatre mains.

A quel caractère donc reconnaître une main, à quel caractère reconnaître un pied ? C'est là non seulement le principe et la base, mais la question tout entière ; et il semble qu'avant de la résoudre en un système zootaxique, il eût été de la plus simple logique de se mettre d'accord sur ce point essentiel. Il s'en faut pourtant que les zoologistes aient cru devoir procéder de la sorte. Ils se sont complu, dans l'espèce, aux définitions ; j'entends à ces définitions *a priori*, dociles complaisantes des thèses artificieuses. Mais, vous le savez, messieurs, les définitions ne valent qu'à une seule condition : elles doivent convenir à tout le défini, ne convenir qu'au défini... Ici commence la difficulté.

On s'est adressé tout d'abord aux définitions physiologiques, les plus séduisantes parce qu'elles reposent sur les faits les plus manifestes, mais aussi les plus dangereuses, parce qu'on s'expose à méconnaître pour des contingences, pour des phénomènes qui peuvent n'être que secondaires, le fait anatomique qui seul est permanent et seul autorise un jugement sur le fond.

Cuvier nous dit : « Ce qui constitue la main, c'est la faculté d'opposer le pouce aux autres doigts, pour saisir les

plus petites choses [1]. » Broca a remarqué finement que peut-
être il eût fallu, afin d'être complet, « distinguer les choses
les plus petites qui ne peuvent être saisies que par une main,
des choses moins petites qui peuvent êtes saisies par un
pied » ; mais laissons cela. Contre la définition de Cuvier,
une objection tout à fait décisive a été formulée par Isidore
Geoffroy Saint-Hilaire [2]. Si la caractéristique de la main réside
dans la faculté d'opposer le pouce aux autres doigts, on peut
dire à la vérité que l'homme est bimane en même temps
qu'il est bipède ; mais alors il y a des singes qui ne sont pas
quadrumanes.

Ce sont, en premier lieu, avec les atèles et les ériodes,
singes d'Amérique, les colobes, singes africains. Ces animaux
n'ont que quatre doigts et pas de pouce aux extrémités antérieures ; ou, s'ils ont un pouce, ce doigt se trouve réduit à
de simples vestiges, tantôt à peine apparents, tantôt complètement ensevelis sous les parties molles [3].

Ce sont, en second lieu, les ouistitis [4] et, comme l'ont montré
Isidore Geoffroy Saint-Hilaire et Ogilby, un grand nombre
d'espèces américaines appartenant aux genres hurleur,
sajou et lagotriche. Ici les pouces existent, mais ils n'ont
plus que des mouvements d'abduction très limités, et ces-
sent, à proprement parler, d'être opposables aux autres
doigts.

---

[1] *Règne animal*, 1re édit., t. I, p. 78.

[2] *Op. cit.*, t. II, p. 203.

[3] Chez le *Chamek* (*Ateles pentadactylus*), le pouce est apparent, mais sous
la forme d'un simple tubercule sans ongle, n'ayant qu'une seule phalange.
— Dans le genre Ériode, *E. arachnoïdes* n'a pas de pouce ; *E. tuberifer*
présente un simple tubercule sans ongle ; *E. hemidactylus*, un petit pouce
onguiculé, très grêle et très court.

[4] Etienne Geoffroy Saint-Hilaire l'avait déjà remarqué. « Les Ouistitis,
a-t-il écrit, n'ont plus de pouces dans le sens physiologique de cette expression. Ce doigt, aux pieds de derrière, est réduit à l'existence d'un petit
tubercule ; aux pieds de devant, il est un peu plus long, mais, rapproché
des autres, il a perdu tout caractère de spécialité ; il agit, s'ouvre et se
ferme comme les autres doigts de la main. Mais il y a mieux : toute la
main a beaucoup perdu de sa flexibilité, elle ne jouit point de la même faculté de préhension... »

Voilà donc toute une nombreuse catégorie de simiens, répartis dans les diverses familles de l'ordre des quadrumanes, et qui, aux termes mêmes de la définition de Cuvier, seraient privés du bénéfice de la quadrumanie. Ni bimanes au sens humain, ni quadrumanes comme le reste des singes, ces simiens seraient des bimanes d'une sorte particulière : ils auraient des pieds en avant et des mains en arrière, puisque leur gros orteil, lui, est généralement opposable. C'est la réfutation *ab absurdo* du système des quadrumanes !

Isidore Geoffroy Saint-Hilaire a-t-il été plus heureux, lorsque, après avoir « rejeté de la science… cette vieille définition qui faisait d'une modification de la main, d'un perfectionnement particulier à l'homme et à quelques mammifères, le caractère constitutif de cet organe », il a tenté de le définir à son tour, en s'appuyant sur des considérations exclusivement physiologiques ? « La main, a-t-il dit, est une extrémité pourvue de doigts allongés, profondément divisés, très mobiles, très flexibles, et par suite susceptibles de saisir [1]. » Inversement, le pied se définit, pour Isidore Geoffroy, par des doigts ou orteils plus courts, moins dégagés des téguments, par conséquent doués de mouvements moins étendus et moins libres. Double définition qui lui a paru assez fermement assise pour qu'il considérât comme légitime de continuer à soutenir avec Buffon ces deux propositions : « Les singes, pourvus ou non de quatre pouces opposables, sont tous quadrumanes, et l'homme, à part même les conditions qui se lient plus directement et plus nécessairement avec la station verticale, est aussi parfaitement bipède que bimane [2]. »

C'était oublier, Broca l'a très justement observé, que la précédente définition de la main s'appliquerait aussi bien au pied des perroquets et des caméléons, extrémité qui est pourvue d'orteils « allongés, profondément divisés, très mobiles, très flexi-

---

[1] *Op. cit.*, t. II, p. 199.

[2] *Ibid.*, p. 206. — La distinction qu'établit ici Isid. Geoffroy Saint-Hilaire est purement physiologique et nullement zootaxique : il est l'adversaire déclaré de la classification de Blumenbach.

bles, et par suite susceptibles de saisir ». C'était méconnaître,
d'autre part, la main du gorille, dont je mets ici un spécimen
sous vos yeux (fig. 1). Cette large main, avec sa paume
énorme, son pouce réduit, ses doigts courts et gros, reliés par
de fortes membranes interdigitales qui s'étendent presque jus-

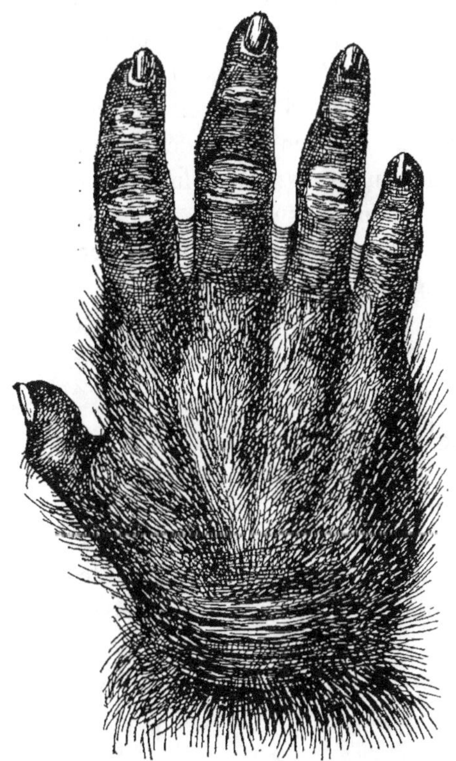

Fig. 1. — Main du gorille (d'après Hartmann).

qu'à la première articulation phalangienne, a été pittoresque-
ment comparée par Carl Vogt[1] à celle de quelque gigantesque
forgeron. Regardez-la et dites-moi si elle répond en quoi que
ce soit à la définition qu'Isidore Geoffroy Saint-Hilaire a don-
née de la main ! Et pourtant c'est là une main, une main sus-
ceptible de saisir ! De deux choses l'une : ou la main du gorille

____

[1] *Les Mammifères*, p. 15.

n'est pas une main, ce qui serait peut-être difficile à soutenir avec succès, ou la définition d'Isidore Geoffroy Saint-Hilaire est mauvaise et nous devons dès lors la rejeter.

III

Laissons donc la physiologie et demandons à l'anatomie, qui seule peut nous le fournir, le critérium décisif, celui qui nous permettra de reconnaître à coup sûr un membre terminé par une main d'un membre terminé par un pied. Ce critérium, le mérite de l'avoir dégagé appartient à Broca, et il l'a fait avec une puissance d'analyse incomparable, dans ce magnifique mémoire sur l'*Ordre des Primates* que doivent avoir toujours sous les yeux ceux qui s'occupent d'anthropologie zoologique.

Le premier, Broca a établi, sur une série de caractères anatomiques, la distinction, jusqu'à lui « mieux sentie qu'exprimée, de ce qu'on appelle une main et de ce qu'on appelle un pied ».

Il a montré tout d'abord que le membre postérieur, qui sert principalement à la station et à la marche, réalise trois conditions anatomiques fondamentales, destinées à assurer la fonction essentielle du pied qui le termine :

1° L'articulation située à sa racine, la hanche, exécute d'avant en arrière et d'arrière en avant, c'est-à-dire dans le sens de la marche, des mouvements très étendus; mais l'adduction, l'abduction et la circumduction y sont, au contraire, des plus limitées;

2° Le troisième segment du membre ou la jambe se compose de deux os parallèles, le tibia et le péroné, solidement unis par des articulations très serrées, de manière à ne pouvoir exécuter l'un sur l'autre aucun mouvement de rotation ;

3° L'axe du segment terminal, c'est-à-dire du pied, se fléchit en avant par rapport à l'axe de la jambe, de telle sorte que le pied présente au sol une face horizontale, la face qui devient plantaire étant toujours celle qui fait suite à la face postérieure de la jambe.

Un membre terminé par une main éprouve, dans sa constitution générale, des modifications précisément inverses :

1° Grâce à la direction de ses surfaces, qui est elle-même
liée à un fait anatomique particulier, la *torsion de l'humérus*
— je ne puis que mentionner ici ce caractère, dont l'étude
exigerait à elle seule de longs développements[1] — l'articulation supérieure du membre, l'épaule, est extrêmement mobile dans tous les sens. Le bras, séparé du tronc jusqu'à sa
racine, peut ainsi se porter dans toutes les directions et
exécuter librement les mouvements d'abduction, de rotation
et de circumduction ;

2° A l'avant-bras, l'un des deux os composants, le radius,
exécute autour de l'autre, le cubitus, avec lequel il s'articule
en trochoïde, des mouvements de rotation dont l'amplitude atteint, chez l'homme, 180 degrés. Ces mouvements
permettent à la main, fixée au radius et tournant avec lui,
de diriger sa face palmaire successivement en avant (supination) et en arrière (pronation), de porter son bord externe,
avec le pouce qui le prolonge, alternativement en dehors et
en dedans;

3° L'axe de la main, dans l'attitude naturelle, continue
directement l'axe de l'avant-bras ; et si le poignet peut se
fléchir comme le cou-de-pied, de manière à rendre au besoin
horizontale la face palmaire de la main, ainsi que l'est normalement la face plantaire du pied, il peut aussi se fléchir,
et presque au même degré, en sens inverse, ce que le pied ne
peut jamais.

Cette triple opposition entre les caractères du membre thoracique et ceux du membre abdominal, se trouve réalisée
chez l'homme à son plus haut degré, l'homme étant le seul
mammifère absolument bipède, le seul aussi dont la main soit
exclusivement liée à la préhension et au toucher. Chez les
autres mammifères, la disparité des deux membres se mani-

---

[1] Voir Broca, *La torsion de l'humérus* (*Revue d'anthropologie*, 1881, p. 198,
386, 577).

feste à des degrés divers, et d'une façon d'autant plus accusée que l'animal est moins quadrupède.

Pour ce qui est du membre postérieur ou locomoteur, le pied qui le termine est « le type général, le type fondamental des extrémités des membres » de tous les mammifères. « J'ose dire, écrivait Broca, que, par la constitution du membre qui le surmonte, par le nombre, la forme, les rapports des os qui le composent et des muscles qui le meuvent, le pied postérieur est toujours un véritable pied, aussi bien chez les prétendus quadrumanes que chez les quadrupèdes ordinaires et que chez l'homme lui-même. Ce pied, chez les singes inférieurs, se rapproche davantage de celui des carnassiers; chez les singes supérieurs, il se rapproche davantage du pied de l'homme; mais, entre le pied de l'homme et le pied postérieur des carnassiers, il n'y a pas de différence essentielle, et les formes intermédiaires que présente le pied postérieur des singes ne peuvent par conséquent pas être rattachées à un autre type[1]. »

Il n'en va plus de même du membre antérieur, qui est sujet, au contraire, à des variations très étendues. La main qui le termine n'est qu'un pied modifié, un pied devenu apte à de nouvelles fonctions. A mesure que l'on s'élève dans la série des mammifères, on voit l'extrémité du membre thoracique abandonner de plus en plus le type anatomique du pied pour revêtir celui de la main. Cette transformation progressive, l'homme nous en offre le dernier terme, mais elle est faite déjà quand on arrive aux singes, et, chez les anthropoïdes, elle est parfaite.

1° Le caractère *intrinsèque* de la main, celui qui est tiré de la direction de son axe et que nous connaissons, quel est-il chez les singes ?

Messieurs, chez tous les singes, lorsqu'on étudie ce caractère sur le vivant ou sur le cadavre frais, il est aisé de constater qu'aussitôt qu'elle cesse de supporter le poids du corps

---

[1] *L'Ordre des Primates*, p. 65.

et que l'animal ne s'en sert plus pour la marche, la main revient d'elle-même se placer sur le prolongement de l'avant-bras, tandis que le pied, lui, dans les mêmes conditions,

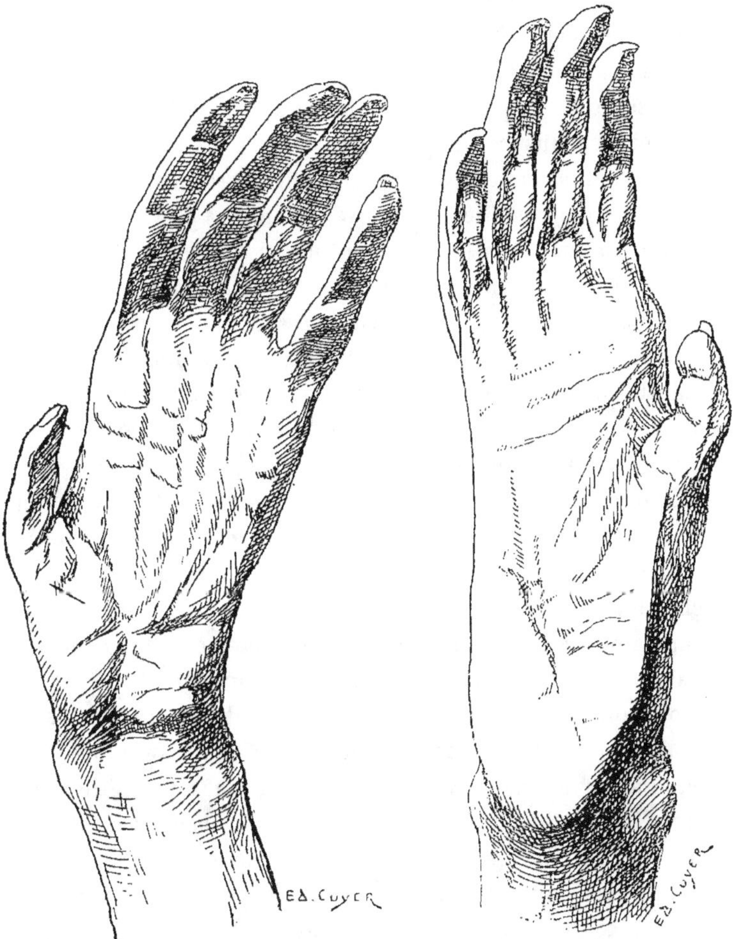

Fig. 2. — Main et pied de l'orang-outang.

reste toujours fortement fléchi sur la jambe. Le pied s'applique tout naturellement sur le sol, vers lequel sa plante est dirigée ; la main doit subir, pour cela, un fort mouvement de flexion en avant.

Les moules remarquablement exécutés que je mets ici sous vos yeux et qui sont l'œuvre de M. Chudzinski, vous montreront ce double caractère dans toute son évidence. Ils représentent comparativement le pied et la main du sajou, du cynocéphale papion, du chimpanzé et de l'orang-outang (fig. 2).

Observons, en passant, que le pied, sur toutes ces pièces, se prolonge plus ou moins en arrière de la jambe pour former ce que l'on appelle la saillie du talon, alors que si vous supposez le poignet fléchi en avant, comme il l'est dans la marche à quatre pattes, la main ne présente en arrière de sa jonction avec l'avant-bras aucune saillie comparable.

2° Des deux caractères *extrinsèques* de la main, celui qui est relatif aux mouvements de rotation du radius autour du cubitus est fort important, puisqu'il « donne en quelque sorte la mesure de la facilité avec laquelle l'animal peut se servir de ses mains [1] ».

L'étendue des mouvements de supination (la pronation constituant, du moins chez les singes quadrupèdes, l'attitude naturelle du membre) n'est, à la vérité, que de 90 degrés chez les cébiens et chez les pithéciens : d'où il suit que ces singes ne peuvent pas tourner complètement en avant les paumes de leurs mains. Déjà, cependant, ils exécutent ce mouvement avec une incomparable facilité par rapport aux vrais quadrupèdes ; chez le chien, en effet, l'amplitude de la supination ne dépasse pas 30 degrés. Chez les pithéciens supérieurs, elle atteint environ 100 degrés, et chez les anthropoïdes elle s'élève, comme chez l'homme, à 180 degrés.

Chez les singes comme chez l'homme, la supination caractérise exclusivement le membre antérieur. Il n'y a rien de semblable au membre postérieur, où toujours les deux os de la jambe sont immobiles l'un sur l'autre.

3° Il nous reste à parler des mouvements du bras, commandés par la direction des surfaces articulaires de l'épaule

[1] Broca, *op. cit.*, p. 74.

et par le degré de torsion de l'humérus. Si, par le sens
et l'étendue des mouvements de l'articulation initiale, par
la disposition réciproque de ses surfaces (direction de l'axe
de la tête humérale), les pithéciens et les cébiens tendent
à se rapprocher des quadrupèdes, les anthropoïdes ne dif-
fèrent nullement de l'homme. Les singes placés le plus
bas dans l'échelle n'ont, à l'égal des quadrupèdes, qu'une
torsion humérale voisine d'un angle droit ; mais, dès qu'on
s'élève dans la série des Primates, on voit tout de suite cette
torsion s'accroître, comme en fait foi le tableau ci-dessous [1].
Chez les anthropoïdes, elle atteint presque la même valeur
que chez l'homme, soit près de deux angles droits.

Qu'en résulte-t-il ? C'est que, tandis que le bras des mammifères quadrupèdes est encore presque confondu avec le
tronc, celui des singes s'en détache plus ou moins ; tenu à
distance par la clavicule, il peut exécuter, à défaut d'une
circumduction complète, des mouvements d'abduction assez
étendus et, lorsqu'on arrive aux anthropoïdes, l'indépendance du membre thoracique est aussi complète qu'elle l'est
chez l'homme. A la hanche, au contraire, les mouvements,
nous l'avons dit, sont uniquement ou presque uniquement
des mouvements dans le sens antéro-postérieur.

On le voit donc, à aucun des trois points de vue qui viennent
d'être examinés, il n'est possible d'établir une démarcation
entre le membre antérieur du singe et le membre antérieur
de l'homme, pas plus qu'il n'est possible de confondre, chez
l'un et chez l'autre, le membre thoracique terminé par la

ANGLE DE TORSION DE L'HUMÉRUS (BROCA) :

Français	164°	Magot	106°
Nègres	144	Mandrill	98
Gorille	141	Atèle	98
Chimpanzé	128	Alouate	100
Orang	120	Maki	95
Gibbon	112	Carnassiers	94
Semnopithèque	110		

main avec le membre abdominal à l'extrémité duquel est le pied.

IV

Je pourrais, messieurs, m'arrêter là et tenir présentement pour démontré que les singes, ayant comme l'homme deux mains et deux pieds, sont comme l'homme bimanes et bipèdes

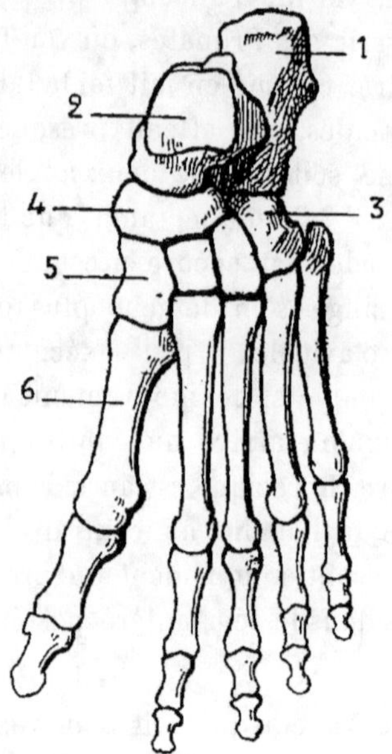

Fig. 3. — Pied de l'homme.

1, calcanéum ; 2, astragale ; 3, cuboïde ; 4, scaphoïde ; 5, premier ou grand cunéiforme ; 6, premier métatarsien.

et non pas quadrumanes. Mais je désire graver plus profondément cette démonstration dans vos esprits, en vous faisant pénétrer plus avant dans l'étude de l'anatomie comparée de la main et du pied.

Lorsqu'on examine parallèlement, sur le squelette humain, le massif osseux qui forme la racine de la main et qui s'appelle le *carpe*, et celui qui, à la jonction du pied avec la jambe, a reçu le nom de *tarse*, on remarque immédiatement que ces deux régions homologues sont très différemment constituées.

Le carpe se compose de sept os, disposés sur deux rangées : trois os à la première rangée (le scaphoïde, le semi-lunaire et le pyramidal), quatre à la seconde (le trapèze, le trapézoïde, le grand os et l'os crochu).

Au tarse, la rangée métatarsienne, qui correspond à la seconde rangée du carpe, se compose, elle aussi, de quatre pièces (les trois cunéiformes et le cuboïde) ; mais la première rangée n'en compte ici que deux, l'astragale et le calcanéum.

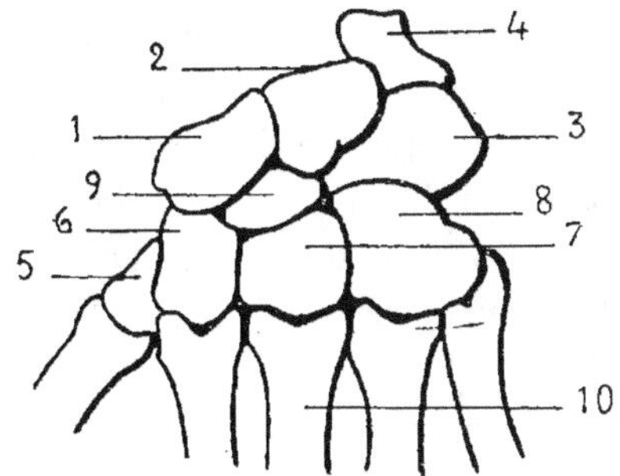

Fig. 4. — Carpe du cynocéphale.

1, scaphoïde ; 2, semi-lunaire ; 3, pyramidal ; 4, pisiforme ; 5, trapèze ; 6, trapézoïde ; 7, grand os ; 8, os crochu ; 9, central du carpe ; 10, troisième métacarpien.

De plus, entre ces deux rangées extrêmes, il existe, au pied, une rangée intermédiaire comprenant un seul os : le scaphoïde (fig. 3). Voilà, chez l'homme, entre la main et le pied, une différence considérable puisqu'il s'agit d'une différence de structure. Eh bien, messieurs, cette différence n'est ni plus grande ni moindre, ou pour mieux dire elle est la même, entre le pied du singe et la main du singe !

Je n'ignore pas qu'il existe au milieu du carpe, chez les cébiens et chez les pithéciens, de même que chez le gibbon et l'orang, parmi les anthropoïdes, une pièce intercalaire qui a reçu le nom d'*os central du carpe* (fig. 4, 9) et que l'on peut considérer comme formant à elle seule une troisième rangée, analogue à celle que forme au tarse le scaphoïde. Il semblerait que, de par ce caractère, la main des singes fût construite sur le même modèle que leur pied. Mais je remarquerai d'abord que si l'os central manque ou semble manquer chez l'homme, il n'existe pas davantage chez le gorille et chez le chimpanzé. Je rappellerai ensuite les récentes observations des embryologistes, celles de Henke et Reyher, de Rosenberg, de Leboucq[1], qui ont établi que le central du carpe existe tout aussi bien chez l'homme que chez les singes, et que son absence apparente n'est que le résultat d'une fusion très précoce avec le scaphoïde.

Le central se trouve représenté, chez l'embryon humain, par un nodule cartilagineux compris entre le scaphoïde et les trois premiers carpiens de la rangée inférieure. Ce nodule, qui apparaît vers la cinquième semaine, commence déjà à se souder vers la fin du deuxième mois ; la soudure est généralement complète avant la fin du troisième.

Donc, la différence anatomique entre l'homme et le singe, qui, de ce chef, avait paru très grande et que l'on avait pu croire même irréductible, se ramène à une divergence non dans la structure typique de la main, mais dans le degré d'indépendance d'une de ses pièces. Elle n'infirme en rien ce que nous avons dit de l'arrangement et de la composition numérique profondément dissemblables du carpe et du tarse chez tous les Primates sans exception. D'ailleurs, supposé qu'elle fût réelle, elle n'aurait point pour conséquence un rapprochement entre le pied du singe et la main, mais entre sa main et le pied, c'est-à-dire le contraire tout juste de ce qu'avaient prétendu démontrer les partisans des quadrumanes.

[1] W. Henke et C. Reyher, *Studien über die Entwicklung der Extremitäten des Menschen* (*Wiener Sitzgb.*, 1874, t. LXX). — E. Rosenberg, *Ueber die Entwicklung der Wirbelsäule und das Centrale Carpi des Menschen* (*Morph. Jahrb.*, t. I, 1876, p. 83). — H. Leboucq, *Résumé d'un mémoire sur la morphologie du carpe chez les Mammifères* (*Bulletin de l'Académie royale de médecine de Belgique*, 3ᵉ série, t. IV, 1882). — Id., *Recherches sur la morphologie du carpe chez les Mammifères* (*Archives de biologie*, t. V, 1884, p. 35).

V

Pour cette détermination des caractères distinctifs de la main et du pied qu'il a si magistralement conduite, Broca s'était surtout adressé à l'étude du squelette. Au professeur Huxley revient le mérite d'avoir poussé plus loin le parallèle, en le portant sur le terrain de l'anatomie musculaire.

Huxley a insisté avec juste raison sur les dispositions tout opposées que présentent, au pied et à la main, les muscles fléchisseurs et extenseurs des doigts, dispositions qui, pour chacune des deux extrémités, sont caractéristiques.

« Trois couches principales de muscles appelés fléchisseurs ploient, remarque-t-il, les doigts et le pouce, lorsque, par exemple, l'on ferme le poing[1], et trois couches d'extenseurs ouvrent la main et roidissent les doigts[2]. Ces muscles sont tous appelés muscles *longs*, c'est-à-dire que la partie charnue de chacun d'eux, étant étendue et fixée aux os du bras, est, à l'autre extrémité, terminée par des tendons qui passent dans la main et sont finalement attachés aux os que l'on doit mouvoir...

« Non seulement les principaux fléchisseurs des doigts et du pouce sont des muscles longs, mais ils restent tout à fait distincts l'un de l'autre dans toute leur longueur.

« Au pied, il y a aussi trois muscles fléchisseurs principaux[3] et trois extenseurs[4]; mais l'un des fléchisseurs et l'un des extenseurs sont des muscles *courts*, c'est-à-dire que leurs parties charnues ne sont pas situées dans la jambe (qui répond au bras), mais sur le dos et sur la plante du pied, régions qui répondent au dos et à la paume de la main.

---

[1] Le fléchisseur superficiel ou perforé des doigts, le fléchisseur profond ou perforant et le long fléchisseur propre du pouce.

[2] L'extenseur commun des doigts, les extenseurs propres du petit doigt et de l'index, le long extenseur du pouce.

[3] Le long fléchisseur commun des orteils, le long fléchisseur propre du gros orteil et le court fléchisseur commun ou perforé des orteils.

[4] Le long extenseur commun des orteils, le long extenseur du gros orteil et le court extenseur commun des orteils ou muscle pédieux.

« De plus, quand les tendons du long fléchisseur des orteils et du fléchisseur propre du gros orteil atteignent la plante du pied, ils ne demeurent pas distincts l'un de l'autre à la manière des fléchisseurs de la paume de la main, mais ils s'unissent et se mêlent d'une singulière façon, tandis que leurs tendons réunis reçoivent un muscle accessoire[1] qui est en rapport avec le calcanéum[2]. »

Ce contraste entre le pied et la main que la myologie décèle chez l'homme, où les deux extrémités sont différenciées au plus haut degré, nous le retrouvons chez tous les prétendus quadrumanes.

On constate sans doute, tant au pied qu'à la main, lorsqu'on passe des dispositions musculaires qui existent chez l'homme à celles qui se montrent chez le singe, certaines différences, mais ces différences ne sont pas de nature à effacer les oppositions qui, chez le singe comme chez l'homme, se manifestent entre les muscles des deux extrémités. A travers ces variations, ni le pied ni la main ne perdent aucun de leurs attributs caractéristiques.

Du côté des extenseurs de la main, on observe, chez les singes inférieurs et chez l'orang, au lieu d'un extenseur propre de l'index et d'un extenseur propre du cinquième doigt, isolés et indépendants (type de l'homme), un *extenseur commun profond*, constituant un seul muscle à quatre tendons qui dessert les quatre derniers doigts. Il en résulte la privation des mouvements particuliers des doigts latéraux. C'est là, des singes à l'homme et au profit de ce dernier, une différence fonctionnelle considérable; mais elle se réduit anatomiquement à l'absence de deux tendons[3], et d'ailleurs

---

[1] La *chair carrée* de Sylvius ou muscle accessoire du long fléchisseur commun des orteils.

[2] Huxley, *De la place de l'homme dans la nature*, trad. Dally, p. 216.

[3] « Le groupe distal de la couche profonde des muscles dorsaux de l'avant-bras de l'homme (long extenseur du pouce, extenseur propre de l'index, etc.) représente, dit Gegenbaur, un extenseur profond des doigts, qui s'est divisé en différents muscles pour donner aux doigts des mouvements plus indépendants. Les nombreuses variétés que l'on a signalées confirment

le chimpanzé et le gorille se rattachent exactement ici au type humain.

Du côté des fléchisseurs, c'est au pouce seulement que se constatent des différences. Le mouvement de flexion de ce doigt est confié chez l'homme à un muscle spécial et très fort, le *long fléchisseur propre du pouce*, qui est séparé jusqu'à la partie supérieure de l'avant-bras de la masse du fléchisseur commun profond. En tant qu'organe distinct et autonome, ce muscle fait entièrement défaut chez les singes ordinaires, dont le pouce est fléchi par une division du tendon commun du fléchisseur profond : disposition favorable au grimper et à la suspension, mais très défavorable à la préhension tactile, puisqu'elle enchaîne les mouvements du pouce aux mouvements de flexion d'ensemble des autres doigts. Les grands anthropoïdes, dont le pouce, loin de se perfectionner, tend à un anéantissement complet, présentent une disposition musculaire plus imparfaite encore. Chez le gorille, le fléchisseur du pouce se réduit à un tout petit faisceau tendineux qui émane du tendon envoyé à l'index par la masse commune profonde. Chez le chimpanzé, le tendon pollicien perd toute connexion avec la masse des fléchisseurs, et n'est plus représenté que par une courte languette, naissant de la gaine tendineuse du fléchisseur commun. Chez l'orang enfin, tous les éléments, tant charnus que tendineux, du fléchisseur propre du pouce ont complètement disparu : il n'y a plus qu'un court tendon que les muscles thénar, particulièrement le court fléchisseur du pouce, envoient à la première phalange de ce doigt.

Différences avec l'homme très profondes, assurément, mais qui ne font pas que la myologie du pied ressemble, chez le

cette interprétation... Chez les Prosimiens et chez les Singes, la couche profonde fournit aux différents doigts un nombre plus considérable de tendons extenseurs profonds que chez l'homme. La disposition est donc plus primitive... Nous constatons chez eux, d'une façon générale, une différenciation moindre de ces muscles. » (*Traité d'anatomie humaine*, trad. Julin, p. 462.)

singe, à la myologie de la main[1], et dont voici d'ailleurs la contre-partie. Le gibbon a, comme l'homme, deux fléchisseurs profonds : l'un commun aux quatre derniers doigts, l'autre propre au pouce, et ces deux muscles restent distincts l'un de l'autre jusqu'à leurs insertions supérieures. La seule différence est qu'au niveau du poignet le tendon du fléchisseur propre du pouce du gibbon envoie une division au tendon pour l'indicateur du fléchisseur commun, division que Chudzinski a souvent rencontrée chez le Nègre[2]. L'anatomie anormale nous montre, d'autre part, se reproduisant chez l'homme par voie de variations réversives, les diverses dispositions normalement observées chez les singes, depuis la fusion partielle ou complète du corps charnu du fléchisseur pollicien avec la masse du fléchisseur profond, jusqu'à la disparition totale du tendon destiné au pouce[3].

Au pied, les différences sont fort peu de chose. Ce que l'on a décrit, chez le singe, sous le nom de *court extenseur du gros orteil*, n'est autre que le premier faisceau du *pédieux*, faisceau déjà bien distinct des trois autres chez l'homme (Testut l'a même vu une dizaine de fois complètement isolé) et qui l'est un peu plus au pied simien.

Le *court fléchisseur des orteils* est plus développé chez l'homme, où régulièrement il vient tout entier du calcanéum. Celui des singes, beaucoup moins volumineux, n'a, au plus, que deux faisceaux calcanéens (ceux du deuxième et du troisième orteil chez les anthropoïdes) ; les tendons perforés qui ne sont pas fournis par le fléchisseur plantaire, émanent d'un petit appareil musculaire annexé aux tendons du long flé-

---

[1] Le contraire plutôt serait vrai. Ainsi, par exemple, le long abducteur du pouce (extenseur métacarpien du pouce) fournit chez les singes deux tendons distincts, l'un pour le trapèze, l'autre pour la base du premier métacarpien, correspondant ainsi exactement au tibial antérieur. Il y a, de même, identité dans la façon dont le palmaire grêle et le plantaire grêle se comportent à l'égard des aponévroses palmaire et plantaire, dont ils constituent les muscles tenseurs.

[2] *Bulletins de la Société d'anthropologie*, 1881, p. 627.

[3] Cf. L. Testut, *Le long fléchisseur propre du pouce chez l'homme et chez les singes* (*Bulletin de la Société zoologique de France*, t. VIII, 1883).

chisseur, à la face inférieure desquels il s'attache (fig. 5). Or,
Chudzinski a plusieurs fois rencontré chez le Nègre ce petit

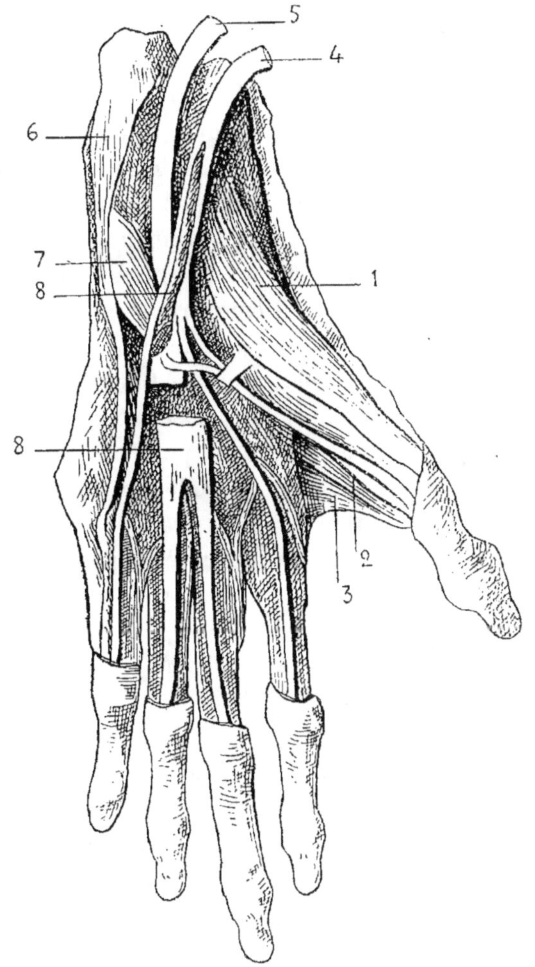

Fig. 5. — Muscles plantaires du cercopithèque (dissection de Chudzinski).

1, abducteur du gros orteil ; 2, 3, adducteurs oblique et transverse du gros orteil ;
4, tendon du long fléchisseur des orteils ; 5, tendon du fléchisseur du gros orteil ;
6, abducteur du cinquième orteil ; 7, chair carrée ; 8, 8, court fléchisseur des orteils.

appareil accessoire, et, d'après les statistiques de Turner et
de Wood, 13 fois sur 100, dans les races blanches, le faisceau

fourni au cinquième orteil par le court fléchisseur est remplacé par un faisceau émanant des tendons du long fléchisseur commun [1].

Pas plus que ceux des singes, les systèmes tendineux des deux fléchisseurs longs de l'homme ne sont indépendants l'un de l'autre. Toujours, en abordant la région plantaire, le tendon du long fléchisseur propre du gros orteil ou *fléchisseur péronier* laisse échapper par son bord externe une expansion tendineuse plus ou moins considérable (fig. 6) qui, d'ordinaire, va se réunir aux tendons fournis au deuxième et au troisième orteil par le long fléchisseur commun ou *fléchisseur tibial* (Turner, Schultze, Chudzinski) [2]. Outre cette anastomose constante, le fléchisseur tibial peut envoyer (25 fois sur 100) au tendon du fléchisseur péronier un faisceau de renforcement plus ou moins développé, disposition qui est normale chez un grand nombre de singes (cynocéphale, cercopithèque, gibbon). Enfin, la *chair carrée de Sylvius* concourt à compléter la soudure de cet appareil tendineux à connexions multiples. Il est inexact, en effet, que ce faisceau musculaire s'insère, chez l'homme, uniquement au fléchisseur tibial — d'où son nom impropre d'accessoire du long fléchisseur commun des orteils — tandis qu'il irait se jeter, chez le singe, sur les deux fléchisseurs. Il résulte des dissections de Chudzinski que « le muscle chair carrée est l'accessoire des deux

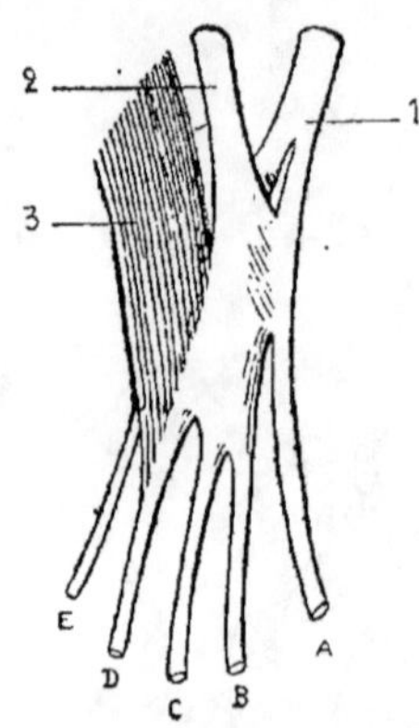

Fig. 6. — Rapports des tendons abdominaux du long fléchisseur commun des orteils et du long fléchisseur propre du gros orteil, vus par leur face supérieure.

1, long fléchisseur des orteils; 2, long fléchisseur du gros orteil; 3, chair carrée.

---

[1] Th. Chudzinski, *Revue d'anthropologie*, 1874, p. 21 ; 1884, p. 615. Cf. Gegenbaur, *op. cit.*, p. 508. L. Testut, *Les Anomalies musculaires*, p. 684 et suiv. — C'est Meckel qui, le premier, a signalé le remplacement du quatrième tendon du court fléchisseur des orteils par un tendon venant du long fléchisseur commun (*Manuel d'anatomie générale*, § 1246).

[2] Cf. Gegenbaur, *ibid.*, p. 501. L. Testut, *op. cit.*, p. 676.

fléchisseurs des orteils, avec lesquels il se fusionne de la manière la plus intime ». Tous ces faits prouvent, en définitive, que, chez l'homme comme chez le singe, le long fléchisseur propre du gros orteil et le long fléchisseur commun constituent, avec l'accessoire ou chair carrée[1], un seul et même système musculaire, système exclusivement propre au pied et qui le caractérise au plus haut degré.

En résumé, messieurs, l'étude comparative des muscles confirme la conclusion à laquelle nous avait amenés celle du squelette. Trois caractères myologiques principaux distinguent radicalement le pied de la main :

1º La main n'a que des extenseurs longs. Le pied a des extenseurs longs et des extenseurs courts ;

2º La main n'a que des fléchisseurs longs. Le pied a des fléchisseurs longs et des fléchisseurs courts ;

3º Le pied possède un muscle, la chair carrée, que la main ne possède pas.

Ces trois caractères distinctifs existent chez l'homme, mais ils existent aussi chez les singes. Par les muscles comme par le squelette, les singes sont donc, au même titre que l'homme, bimanes et bipèdes ; rien n'autorise à les qualifier du nom de quadrumanes.

VI

J'entends, messieurs, s'élever une objection ; et, comme elle est spécieuse et de nature à faire impression sur des esprits non préparés, je veux y répondre avant de finir.

Soit, me dira-t-on, tout ce que vous voudrez ! La prétendue main postérieure du singe est un pied, vous l'avez établi sur des preuves irrécusables ; mais ce pied des singes est *préhensile*, il fonctionne à la manière d'une main ; l'animal s'en sert non seulement pour marcher, mais encore pour saisir : or jamais, chez l'homme, le pied ne concourt à la préhension,

---

[1] La chair carrée semble être régulièrement absente dans le groupe anthropoïde, mais elle existe très généralement chez les pithéciens et on l'a vue manquer sur certains sujets humains.

du moins comme chez le singe, par le mécanisme de l'opposition du gros orteil aux autres orteils et à la plante.

Il est vrai. L'adaptation à la vie arboricole a imposé au
pied simien des conditions fonctionnelles spéciales, qui n'a-
vaient plus leur raison d'être chez l'homme, bipède parfait et
terrestre. Les singes saisissent et se cramponnent en s'aidant
de leur pied. Le gros orteil, très mobile et que l'animal peut
renverser en arrière, fait ici, avec le bord interne du pied,
un angle très ouvert. L'étendue du mouvement d'écartement
de cet orteil ne le cède presque en rien à celle de ce même
mouvement au pouce de la main ; et Gaddi a montré que,
chez le macaque par exemple, la ligne du gros orteil pouvait
faire avec l'axe du pied un angle de 25 degrés, l'angle du
pouce avec l'axe de la main ne dépassant pas 30 degrés dans
l'abduction maximum. Le singe jouit ainsi de la faculté de
saisir, en grimpant, des branches volumineuses entre son
gros orteil écarté et très fort et ses autres orteils incurvés et
très longs. Son pied est devenu, par le fait, un instrument
de préhension puissant, plus puissant même que la main,
dont le pouce est en général assez réduit, surtout chez les
anthropoïdes, et parfois tout à fait atrophié (genres atèle,
ériode, colobe). Il y a là, je le répète, une adaptation toute
particulière et qui s'écarte notablement de la modalité fonctionnelle du pied de l'homme. Chez l'homme, le gros orteil,
parallèle ou presque parallèle aux quatre orteils suivants, ne
s'en écarte que dans des limites étroites et ne jouit à leur
égard d'aucun mouvement d'opposition.

Je reconnais, messieurs, tout ce que cette physiologie du
pied simien a de vraiment spécial ; je n'ai rien caché du contraste qui en résulte entre ce pied et celui de l'homme. Toute
la question est de savoir, d'une part, si ces dissemblances
sont assez profondes pour enlever à l'extrémité postérieure
des singes les attributs physiologiques d'un pied véritable, à
ces attributs se trouvant substitués ceux de la main, et,
d'autre part, si ces dissemblances sont liées à quelque particularité anatomique fondamentale.

Dans le mémoire que j'ai déjà cité, Broca a répondu au premier point.

Qu'est-ce, s'est-il demandé, qu'une main au point de vue physiologique? Qu'est-ce qu'un pied, au même point de vue?

Une main est une extrémité qui sert exclusivement ou principalement à la préhension et au toucher, et accessoirement à la locomotion. Un pied est une extrémité qui sert exclusivement ou principalement à la station et à la marche, et accessoirement à la préhension. Il est incontestable qu'aux termes mêmes de cette double définition, les singes ont, comme nous, deux mains et deux pieds et non pas quatre mains. Que si l'on se fonde, pour les déclarer quadrumanes, sur ce que leurs extrémités postérieures sont des instruments de préhension, il n'y a pas de raison, les antérieures servant aussi à la locomotion, pour ne pas les dire également quadrupèdes. Mais la main ne sert pas seulement à la préhension, elle sert encore et surtout au toucher : c'est un organe sensoriel qui nous fait connaître certaines qualités des corps. Jamais le pied, même chez les prétendus quadrumanes, ne supplée la main dans ce rôle. « Je me suis plusieurs fois arrêté au Jardin des Plantes, nous dit Broca, devant l'immense cage vitrée où les singes, dans les beaux jours, prennent leurs ébats, et j'ai pu m'assurer que, pour manger, pour manier les objets, pour les étudier, pour faire des niches à leurs voisins, ils emploient surtout leurs extrémités antérieures, c'est-à-dire leurs mains[1]. » C'est une observation que tout le monde s'est trouvé à même de répéter. Le pied des singes n'a pris de la main que la faculté de saisir, et, bien que sa force de préhension soit très supérieure à celle que peuvent développer les extrémités antérieures, il n'en reste pas moins essentiellement un pied. La préhension ne fait ici que concourir à la station, au mode particulier de locomotion de l'animal. A la main, au contraire, et c'est ce qui la

[1] *L'Ordre des Primates*, p. 55.

distingue du pied chez tous les Primates, la préhension est
subordonnée au toucher. En somme, l'analyse physiologique
ne permet de relever entre le pied du singe et la main que
des analogies superficielles et grossières.

Du moins, constate-t-on que la préhensilité de ce pied et
la faculté d'opposition du gros orteil, qui en est la condition,

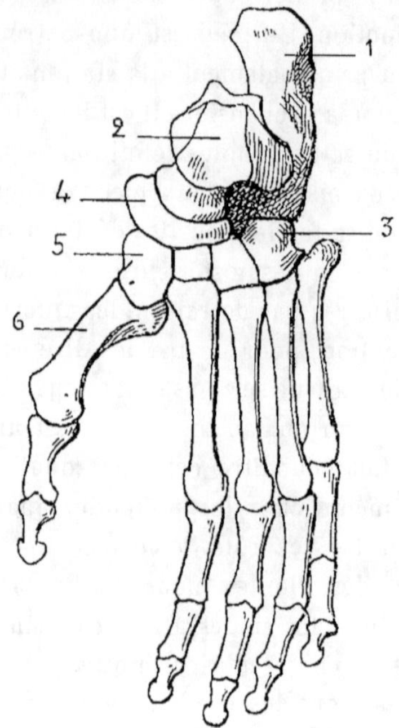

Fig. 7. — Pied du gorille.

1, calcanéum ; 2, astragale ; 3, cuboïde ; 4, scaphoïde ; 5, premier cunéiforme ;
6, premier métatarsien.

soient liées à quelque trait de structure véritablement typique ? Il faut bien reconnaître que non. L'anatomie a refusé
jusqu'à cette dernière satisfaction aux partisans de Blumenbach.

C'est un insignifiant détail de structure qui, chez le singe,
procure la préhensilité du pied et permet les mouvements
d'opposition du gros orteil. Toute la différence avec l'homme
se ramène à ceci : le premier métatarsien, au lieu de s'articuler

directement, comme chez nous, sur la face antérieure du premier cunéiforme, s'articule un peu obliquement sur le côté interne de cet os du tarse. Le cunéiforme, volumineux, présente à cet effet une facette articulaire convexe et presque latérale, faisant avec le plan vertico-transversal, dans lequel se trouve sensiblement comprise cette facette chez l'homme, un angle de plus de 45 degrés (fig. 7). Tout le squelette du pied est d'ailleurs exactement semblable chez l'homme et chez le singe. Le volume, la longueur, la mobilité des tarsiens, des métatarsiens et des phalanges peuvent varier, mais les os sont les mêmes, en nombre égal de part et d'autre, et ils présentent entre eux les mêmes connexions. Si donc le pied des singes est préhensile, tandis que celui de l'homme ne l'est pas, cette différence se réduit, au point de vue statique, à une particularité de structure tout à fait minime, puisqu'elle consiste uniquement dans la situation un peu plus latérale d'une petite facette articulaire.

Du côté des puissances musculaires, les différences ne sont pas plus graves. Ce ne sont pas des muscles spéciaux, mais des muscles semblables à ceux que nous possédons nous-mêmes, qui sont, au pied simien, les agents de la préhension.

La flexion oblique du premier métatarsien et l'opposition du gros orteil à la plante du pied y sont produites principalement par le muscle *long péronier latéral*. Je signalerai ici la réflexion sous la plante du pied du tendon de ce muscle, disposition commune à tous les Primates et extrêmement caractéristique, car elle suffirait à différencier à elle seule le pied de la main. C'est le long péronier latéral, muscle ne différant en rien chez l'homme et chez le singe, ayant dans les deux types les mêmes insertions, qui est l'agent de l'opposition du gros orteil au pied simien, où, ensuite d'une configuration articulaire que nous connaissons, le premier métatarsien a pu être préalablement porté en abduction (par rapport à l'axe du pied). Comme ce mouvement d'abduction est impossible chez nous, notre long péronier latéral n'actionne plus isolément le premier métatarsien, maintenu dans un rigoureux parallélisme avec ses voisins, il meut l'avant-pied en totalité.

L'action du long péronier latéral est renforcée, chez le

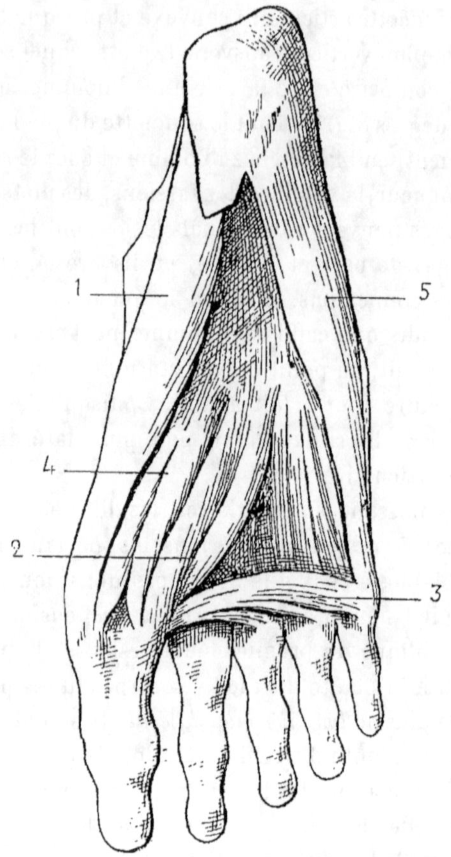

Fig. 8. — Muscles plantaires de l'homme.

1, abducteur du gros orteil ; 2, 3, adducteurs oblique et transverse du gros orteil ;
4, court fléchisseur du gros orteil ; 5, abducteur du cinquième orteil.

singe, par celle de l'*adducteur oblique du gros orteil*. Nous possédons également ce muscle plantaire.

Comme les singes, nous avons, nous aussi, un muscle *adducteur transverse du gros orteil* (fig. 8), seulement il est notablement atrophié, notre gros orteil n'étant plus opposable.

Chez le singe, au contraire, l'adducteur transverse, muscle très actif, s'étend beaucoup en largeur et en longueur, si bien qu'il est en partie recouvert par l'adducteur oblique, dont le sépare, chez l'homme, un large espace triangulaire. On a pu, de la sorte, considérer l'adducteur oblique et l'adducteur transverse du singe comme formant une masse musculaire unique, divisée en deux chefs. Mais l'adducteur transverse de l'homme n'est lui-même, ainsi que nous le dirons tout à l'heure, qu'une partie individualisée de ce muscle primitivement unique, et la séparation en deux muscles distincts n'est même pas la règle constante : dans nombre de cas, en effet, les faisceaux d'origine des deux chefs de l'adducteur du gros orteil restent accolés chez l'adulte, le muscle étant alors unique, comme il l'est normalement chez le singe.

Il a été question, jusqu'ici, des muscles qui rapprochent le gros orteil de l'axe du pied. Il nous reste à parler du mouvement d'abduction ou d'écartement qui, dans la préhension au moyen du pied, doit précéder la flexion oblique du gros orteil. Ce mouvement est-il confié à un muscle particulier ? En aucune façon. Ce que l'on a décrit comme tel, chez les singes, sous le nom de muscle *long abducteur du gros orteil*, n'est que le dédoublement d'un muscle qui nous est commun avec eux, le *jambier antérieur*. Ce dédoublement lui-même, on le constate chez l'homme, mais limité à l'extrémité terminale du tendon du jambier antérieur, dont une division se rend à l'extrémité postérieure du premier métatarsien, l'autre se fixant sur le premier cunéiforme (fig. 9). Chez les grands anthropoïdes, la division remonte plus haut : elle s'étend à toute la longueur du tendon (gorille), ou même entame en partie le corps charnu (chimpanzé, orang). Chez le gibbon et les singes inférieurs, elle s'élève presque jusqu'à l'insertion supérieure du muscle, d'où, en apparence, deux muscles distincts : le jambier antérieur, attaché au premier cunéiforme, et le long abducteur du gros orteil qui, fixé au premier métatarsien, devient capable de mouvoir cet os isolément ainsi que l'orteil correspondant. Mais, en définitive, ce second muscle n'est qu'un faisceau du jambier antérieur dédoublé, et ce qui le prouve, c'est qu'on peut voir chez l'homme tous les degrés du dédoublement en question reproduits par anomalie[1].

Nous avons, messieurs, à tirer de ces faits la conclusion qu'ils comportent.

Rien dans sa structure, ni du côté des muscles, ni du côté du squelette, ne permet de dire que le pied simien soit une

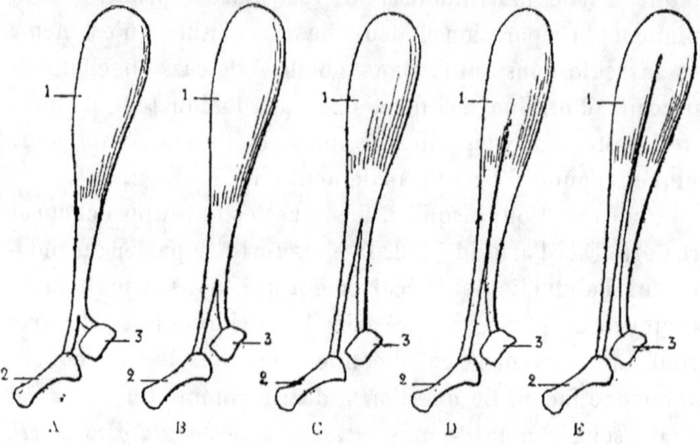

Fig. 9. — Le jambier antérieur (schéma).

A, homme; B, homme (anomalie); C, gorille; D, chimpanzé et orang;
E, gibbon et singes inférieurs.

1, jambier antérieur; 2, premier métatarsien; 3, premier cunéiforme.

main, malgré sa faculté préhensile. Ce caractère de la préhensilité, nous avons vu, d'ailleurs, à quoi il se réduit anatomiquement. Suivant la remarque de Huxley, « la plus superficielle investigation anatomique montre de prime saut que la ressemblance de la prétendue main de derrière avec la vraie main ne va pas plus loin que la peau, et que, sous tous les rapports essentiels, le membre postérieur du singe est terminé par un pied aussi véritablement que celui de l'homme[2] ». Nous avons, en effet, démontré l'identité fonda-

---

[1] Cf. L. Testut, *op. cit.*, p. 705.
[2] *Op. cit.*, p. 221.

mentale, chez tous les Primates, des conditions qui spécialisent en tant que main l'extrémité du membre antérieur, en tant que pied l'extrémité du membre postérieur. Tous les Primates ont deux pieds et deux mains, et l'analyse anatomique établit que, chez tous, la main est un instrument plus parfait que le pied. Ainsi se trouve définitivement ruinée la fameuse théorie des quadrumanes.

VII

Messieurs, il est permis d'aller plus loin. Faisons cette supposition que la facette articulaire métatarsienne du premier cunéiforme soit, chez l'homme, légèrement oblique comme elle l'est chez le singe, rien ne s'opposera désormais à ce que le pied humain soit également préhensile. Il a, pour cela, tous les muscles nécessaires.

Lamarck ne se trompait donc pas lorsqu'il considérait comme indubitable que, sous l'empire de circonstances extérieures ayant imposé de nouvelles conditions d'existence, le pied des singes avait pu se transformer et devenir le pied de l'homme. L'embryologie s'est chargée de donner de nos jours, à ce qui n'était du temps de Lamarck qu'une hypothèse, la plus éclatante confirmation.

Déjà, en 1863, Wyman avait reconnu que, sur l'embryon humain long d'un pouce environ, « le gros orteil, au lieu d'être parallèle aux autres doigts, forme un angle avec le côté du pied, correspondant ainsi par sa position à l'état permanent de cet orteil chez les quadrumanes[1] ». Plus récemment, le professeur Leboucq (de Gand) a montré qu'une section horizontale du pied, chez un embryon du deuxième au troisième mois, laisse voir en toute évidence la facette métatarsienne du premier cunéiforme dans la même position oblique qu'elle affecte au pied simien (fig. 10)[2]. Mais, à mesure que l'évolution progresse, la face tibiale du cunéiforme se

---

[1] *Proceed. Soc. Natur. Hist.*, Boston, 1863, vol. IX, p. 185.

[2] *Le développement du premier métatarsien et de son articulation tarsienne chez l'homme.*

développant plus rapidement que sa face péronière, la position de la facette articulaire distale se rapproche de plus en plus de ce qu'elle est chez l'adulte ; l'obliquité de la facette a presque totalement disparu déjà chez des fœtus de 4 centimètres de longueur.

Là n'est pas, au surplus, le seul trait par lequel le pied du fœtus ressemble au pied du singe.

Le pied simien, notamment celui des anthropoïdes, s'arti-

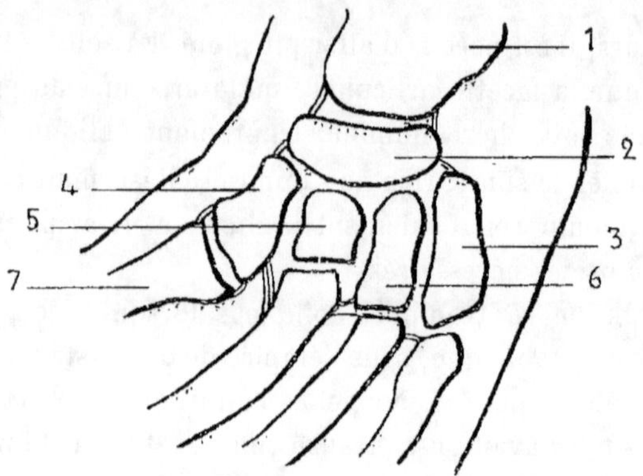

Fig. 10. — Section horizontale du pied chez un embryon humain du deuxième au troisième mois (Leboucq).

1, astragale; 2, scaphoïde; 3, cuboïde ; 4, 5, 6, les trois cunéiformes; 7, premier métatarsien.

cule sur le tibia beaucoup plus obliquement que le nôtre. La tête de l'astragale, articulée avec le scaphoïde, regarde, par suite, vers le côté interne du pied, et l'axe antéro-postérieur de cet os fait avec l'axe antéro-postérieur du calcanéum un angle très ouvert. Or, Aeby a reconnu que l'ouverture de cet angle astragalo-calcanéen était plus grande chez l'enfant nouveau-né que chez l'adulte[1], et Leboucq a pu constater, sur des sections horizontales du pied embryonnaire, que la tête de l'astragale était fortement déjetée vers le bord tibial. C'est en partie à cause de cette projection en dedans que tout le bord tibial du pied et le gros orteil en particulier se

[1] *Beitr. zur Osteolog. des Gorilla (Morph. Jahrb.*, 1878, p. 288).

trouvent placés en abduction assez forte par rapport aux autres orteils[1].

Je dois enfin mentionner les très intéressantes recherches dues à G. Ruge (de Heidelberg) sur l'évolution des muscles du pied chez le fœtus[2]. Ces recherches ont fait connaître qu'à certains stades de l'ontogénie de l'homme l'adducteur transverse du gros orteil présente un développement relativement considérable, auquel succède l'atrophie de ce muscle. Primitivement, en effet, ses faisceaux d'origine sont disposés en éventail et viennent s'appliquer latéralement contre les faisceaux de l'adducteur oblique : c'est exactement la disposition simienne. On les voit ensuite se reporter progressivement du côté distal, vers les têtes des métatarsiens, de manière à prendre une direction transversale, en même temps qu'ils se séparent de l'adducteur oblique.

On assiste, en résumé, au cours du développement embryonnaire de chaque individu, à l'effacement graduel, puis à la perte de la faculté préhensile du pied. Le pied de l'enfant est plus rapproché du pied du singe que ne l'est celui de l'adulte, et les caractères simiens du pied de l'homme s'accusent de plus en plus, à mesure que l'on remonte plus haut dans la série des stades embryonnaires.

Devant de pareils faits, qui donc oserait encore affirmer que l'homme, animal marcheur, ne peut pas descendre d'un ancêtre déjà caractérisé comme singe, c'est-à-dire d'un animal grimpeur ? Et maintenant, que reste-t-il des prétendus Quadrumanes ? Qu'est-ce que l'ordre des Bimanes de Blumenbach et de Cuvier ? « Une transaction impossible, répondait, en 1836, Isidore Geoffroy Saint-Hilaire, entre deux sys-

1 Pour les changements qui s'opèrent dans l'orientation du pied et la conformation des os du tarse, pendant la vie fœtale et après la naissance, voir : Hueter, *Anatom. Studien an der Extremitätgelenken Neugeborener und Erwachsener* (*Arch. de Virchow*, t. XXV, 1862). — H. Thoreus, *Documents pour servir à l'histoire du pied-bot varus congénital,* Paris, 1873, p. 7 et suiv.

2 *Morphol. Jahrb.,* t. IV, suppl., 1878.

tèmes opposés et inconciliables, entre deux ordres d'idées qu'expriment nettement dans la langue de l'histoire naturelle ces deux mots : le *règne humain* et la *famille humaine*. Une de ces conceptions prétendues de juste milieu qui, une fois bien comprises, ne satisfont personne, précisément parce qu'elles sont destinées à satisfaire tout le monde... Laissons donc cet ordre des Bimanes que l'autorité de deux grands maîtres n'a pu empêcher de vieillir et de tomber[1]. »

Messieurs, cette conception si profondément erronée qu'Isidore Geoffroy Saint-Hilaire rejetait surtout au nom de la doctrine du règne humain, à notre tour nous l'avons repoussée, au nom de l'anatomie et de la zoologie, au nom des affinités organiques qui unissent l'homme au reste des Primates. Par là nous avons été fidèle à la règle que posait notre illustre collègue M. de Quatrefages, lorsqu'il a écrit : « En anthropologie, toute solution, pour être bonne, c'est-à-dire vraie, doit ramener l'homme, pour tout ce qui n'est pas exclusivement humain, aux lois générales reconnues chez les autres êtres organisés et vivants. Toute solution qui fait ou qui tend à faire de l'homme une exception, à le représenter comme échappant aux lois qui régissent les autres êtres organisés et vivants, est mauvaise ; elle est fausse[2]. » Nous ne l'avons pas oublié.

[1] *Op. cit.*, t. II, p. 188.
[2] *Encyclopédie d'hygiène et de médecine publique* (Introduction anthropologique), t. I, p. 23.

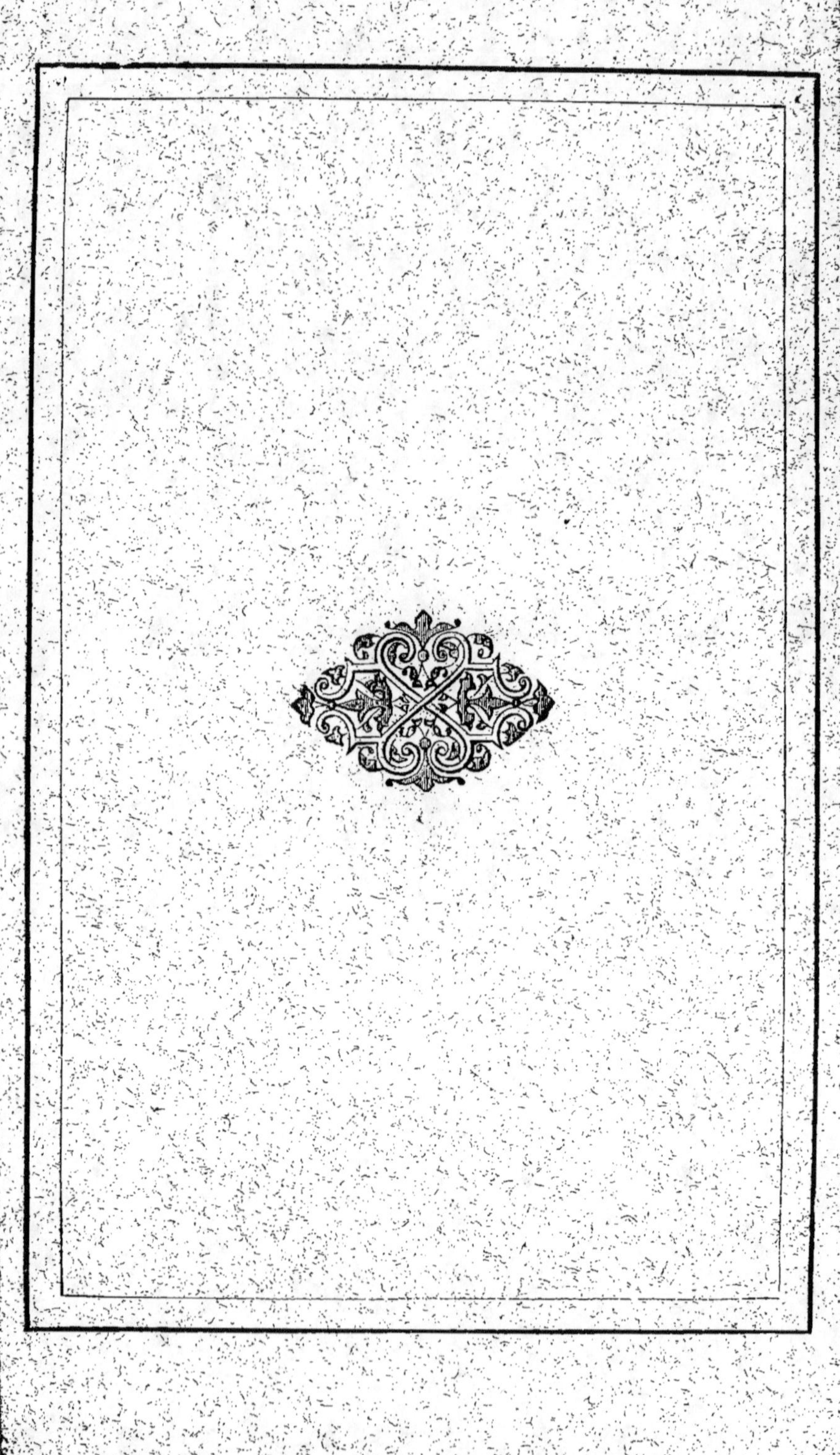

BIBLIOTHEQUE NATIONALE DE FRANCE
3 7531 03086824 5